ÉTUDES

SUR

VAUVENARGUES

VAUVENARGUES CONSIDÉRÉ COMME CRITIQUE

VAUVENARGUES MORALISTE

PAR

M. A. FAURIE

Ancien Censeur du Lycée de Toulouse

TOULOUSE

TYPOGRAPHIE DE PH. MONTAUBIN

1, Petite rue Saint-Rome, 1

1876

VAUVENARGUES

CONSIDÉRÉ COMME CRITIQUE

————∞∘○∘∞————

Naître et vivre dans le centre du bon goût, recevoir une éducation brillante et variée, n'écrire qu'à un âge assez avancé, flatter les préjugés de son siècle et les personnages qui distribuent la réputation de la renommée, ou bien, système opposé, mais non moins sûr, attirer l'attention du public par le scandale, en attaquant les ouvrages des écrivains les plus estimés et les plus accrédités, voilà, pour un critique, autant de chances de succès.

Rien de pareil pour Vauvenargues.

Où est-il né ? Bien loin de la capitale, dans la Provence, où l'on ne saisit guère toutes les finesses et toutes les délicatesses du français.

Quelle éducation a-t-il reçue ? Une éducation fort incomplète. Sa santé l'a obligé de tronquer ses études, et son éloquent panégyriste, M. Gilbert, nous assure qu'il ne fut jamais en état de lire une page de latin, encore moins une page de grec.

Où a-t-il vécu ? Au milieu des camps et des garnisons.

1

Aura-t-il pu combler les lacunes de son éducation littéraire « en faisant distribuer de la paille, en punissant un soldat pour avoir mal mis sa cravate, ou en donnant des coups de canne, à l'exercice ? »

Il n'a pas 30 ans quand il publie ses essais de critique. Comment pourra-t-il avoir, à cet âge, ce goût, ce tact, cette juste mesure nécessaires au critique ?

Caresse-t-il les passions de ses contemporains ? Pas le moins du monde. Dans un siècle léger, frivole et corrompu, amoureux de nouveautés, tout imprégné de scepticisme et d'incrédulité, il se montre profondément grave et sérieux.

« On nous présente, dit-il, toutes choses comme incertaines. On égale le bien et le mal, on justifie l'intérêt et la bassesse, et il est à craindre que dès qu'on nous aura persuadé que la vertu est une duperie, le vice devenu plus fort n'étouffe les plus nobles sentiments. »

Il ne rougit pas de peindre avec complaisance l'amour pur et ingénu ; il préfère hautement le sentiment à la raison, la nature à l'art, la simplicité au bel esprit, et il combat souvent l'incrédulité.

S'incline-t-il devant les idoles du jour ? Pas davantage. Il ne ménage ni Fontenelle, ni Voltaire lui-même, son ami et son protecteur.

Le brillant éclat de cette royauté littéraire n'éblouit pas Vauvenargues, qui ne descend jamais jusqu'à la servilité du flatteur. Le disciple défend, contre l'autorité imposante du maître, La Fontaine et Boileau, Pascal et Fénelon.

Sème-t-il dans ses écrits de brillants paradoxes ? Se sépare-t-il de la foule pour ne pas y rester confondu ? S'isole-t-il pour mieux se faire voir ? Essaie-t-il de réhabiliter des écrivains justement décriés, et traîne-t-il dans la boue les auteurs en possession de la renommée? Encore moins. Il n'aime rien tant que les idées consacrées par le respect et l'autorité des âges. « Il n'est pas de ces hommes qui se font une sorte de devoir d'attaquer les grandes réputations ; que la petitesse de leur esprit réduit à chercher pour toute gloire de combattre celle des autres. »

Non, tout en conservant son indépendance, il veut plutôt affirmer que renverser les statues et les autels élevés au génie par l'admiration des siècles.

Que de chances de succès enlevées à Vauvenargues ! Mais il lui en reste une qui vaut et supplée toutes les autres.

Il a reçu du ciel les qualités les plus précieuses et les plus rares : un jugement sûr, un goût exquis et délicat, un sentiment vif et profond. Ajoutons qu'il a cultivé et développé ces qualités par l'exercice et le travail.

Au milieu des camps, il s'est créé une studieuse retraite, et, malgré les minutieuses occupations du métier, il a su trouver du temps pour compléter autant que possible son éducation première. S'il n'a jamais pu entrer en commerce direct avec les immortels génies de Rome et d'Athènes, il a pratiqué sans relâche leurs illustres héritiers, nos grands prosateurs et nos grands poëtes du XVIIe et du XVIIIe siècles. Il a pris peu de modèles, mais il les a très-bien choisis pour former son goût et son style. Aussi obtient-il tout d'abord le succès le plus flatteur : il arrache un cri d'admiration à Voltaire. « Comment a-t-on pu voir si bien étant si jeune ? » Ce n'est pas tout, Voltaire l'appelle *son cher maître*.

On est un peu tenté de sourire. Un écrivain de 50 ans, dont le nom remplissait déjà toute l'Europe, appeler ainsi un jeune homme de 28 ans encore inconnu ! N'est-ce pas là une de ces flatteries banales, un de ces compliments sans conséquence qui coutaient si peu à Voltaire, ou même une de ces malices qui lui coutaient encore moins ? Non. L'éloge de Voltaire est très-sérieux, très-sincère, et Vauvenargues le méritait bien un peu, car il a réellement exercé une influence sur Voltaire. Celui-ci accepte presque toujours les décisions littéraires de Vauvenargues, et en écrivant son commentaire sur Corneille, il n'a guère fait que remplir un programme tracé par le jeune critique.

L'influence de Vauvenargues s'est étendue aussi sur Marmontel et La Harpe. La plupart des idées qu'ils ont émises sur certains points de littérature lui appartiennent. Cependant ses œuvres de critique ont beaucoup moins attiré l'attention que ses œuvres de moraliste, et pour mieux les comprendre nous dirons d'abord quelques mots du caractère de cet écrivain.

On cherche en effet à expliquer les œuvres d'un écrivain par son caractère, ses habitudes et ses goûts. Cependant il ne faudrait pas exagérer cette tendance, car il n'est pas rare de trouver des écrivains, dont la vie donne à leurs ouvrages un éclatant démenti : Sénèque écrit sur une table d'or contre les richesses ; Calvin prêche la tolérance à François Ier, et fait brûler Servet ; Rousseau rend leurs fils aux mères, et met les siens à l'hôpital.

Vauvenargues n'offre pas cette contradiction ; sa vie explique ses œuvres, et ses œuvres jettent une vive lumière sur certaines parties un peu ignorées de son existence.

Alceste ou l'amour ingénu, c'est Vauvenargues ; Varus ou la libéralité, Thyeste ou la bonté, c'est encore Vauvenargues ; Turnus, Lentulus, Cléon ou la folle ambition, Clazomène ou la vertu malheureuse, c'est toujours Vauvenargues.

Il reprochait à Labruyère de n'être pas sorti de son siècle, en peignant des caractères, et lui ne sort pas, pour ainsi dire, de sa personne, quand il veut peindre à son tour. Plusieurs de ses maximes mêmes portent une empreinte personnelle « si un homme est souvent malade, et qu'ayant mangé un cerise, il sort enrhumé le lendemain, on en manque pas de lui dire, pour le consoler, que c'est sa faute. »

« On n'est pas toujours aussi injuste envers ses ennemis qu'envers ses proches. »

Ces deux maximes, un peu amères, rappellent les griefs que Vauvenargues avait contre ses proches, et les misérables luttes qu'il lui avait fallu soutenir avec eux.

Toutes ses œuvres, depuis l'introduction à la connaissance de l'esprit humain jusqu'à sa correspondance, nous font connaître Vauvenargues presque mieux que si nous avions vécu avec lui. Il se livre à nous tout entier, avec d'autant plus d'abandon qu'il ne se doutait pas que certains de ses écrits, où il a déposé ses confidences, tomberaient un jour entre les mains du public.

Ce qui domine chez lui, c'est le cœur ; il est bon, libéral, quoique pauvre, généreux et sensible. Ce n'est pas cette sensiblerie de ces philosophes du XVIIIe siècle, dont parle Rousseau, qui aiment les Tartares pour être dispensés d'aimer leurs voisins.

Une promenade au Luxembourg suffit pour exercer sa sensibilité ; « il ne reste pas longtemps dans la grande allée où se presse une foule d'hommes et de femmes sans passions, il s'enfonce bientôt avec un sombre plaisir et une amère volupté dans une allée détournée où il trouve les misérables victimes de la pauvreté, de l'ambition et de la gloire, et où il croit voir se promener autour de lui toutes' les passions. »

Va-t-il à la campagne : « La vue d'un animal malade, le gémissement d'un cerf poursuivi dans les bois par des chasseurs, l'aspect d'un arbre penché vers la terre, et traînant ses rameaux dans la poussière, les ruines méprisées d'un vieux bâtiment, la pâleur d'une fleur qui tombe et qui se flétrit ; enfin toutes les images du malheur des hommes, réveillent la pitié de son âme tendre, contristent son cœur, et plongent son esprit dans une rêverie attendrissante. »

Pour lui, l'humanité est la première des vertus. C'est y manquer, dit-il, que de se montrer sévère pour les vices de la société : « la clémence vaut mieux que la justice ; la justice ne doit pas être inexorable » et il nous trace, avec indignation, le portrait de Masis ou de l'homme étroitement sévère, « qui ressuscitant le stoïcisme, n'admet ni milieu ni tempérament, ne pardonne rien, même à ses meilleurs amis » et il lui oppose avec complaisance le portrait de Thyeste, qui est indulgent pour tout le monde, même pour les personnes tombées le plus bas, et qui plaint le vice sans le justifier. Il aime si peu la sévérité qu'il l'accuse d'être inutile, et d'avoir sa source dans la petitesse du cœur.

Chez Vauvenargues, la bonté et l'humanité s'allient à la vigueur, à l'énergie, au courage, à ce courage plus rare que le courage militaire, qui brave les coups du sort, l'injustice des hommes, le besoin et les maladies.

Il aime avant tout l'action. « Il faut agir, dit-il, dussions-nous faire des fautes, la plus grande faute de toutes est de se priver de l'expérience. » Il aime tellement l'action que, malgré son humanité, il se sent peu de goût pour la paix, et lui préférerait volontiers la guerre, il l'accuse d'amollir les peuples, de rendre faibles les individus.

C'est pour agir encore plus que pour se conformer à l'habitude et aux exigences de son rang qu'il embrasse d'abord le métier des armes, celui de tous qui lui sourit le plus.

C'est pour agir qu'il tente d'entrer dans la diplomatie, quand des raisons de santé le forcent à quitter la carrière des armes. Et quand il prend celle des lettres, ce n'est pas le repos qu'il y recherche. Il veut communiquer aux autres ses sentiments, ses idées, il veut persuader, convaincre, faire passer dans l'âme du lecteur les vérités dont la sienne est fortement pénétrée.

Dans la conversation même il poursuit un but très-sérieux : Il ne sait pas briller dans un souper, dans une conversation coupée, interrompue, où chacun suit sans considération les vivacités de son génie et de son humeur, mais l'art de plaire et de dominer dans un entretien sérieux, les douces complaisances, et les charmes d'un commerce engageant et séducteur, sont les dons aimables que la nature lui a dispensés ; l'homme le plus éloquent du monde, quand il faut fléchir une âme hautaine, ou exciter un homme faible, consoler un malheureux, ou inspirer du courage et de la confiance à une âme timide et réservée ; il sait attendrir, abattre, convaincre, échauffer selon le besoin. Il aime l'ambition qui fait la

grandeur des Etats ; il adore la gloire, qui est la fleur
de la vertu, qui fait les héros et les embellit.

C'est ainsi que Vauvenargues s'est peint lui-même.

L'homme explique le philosophe. Il a dû, avec son fond
inaltérable de bonté et d'indulgence, relever cette pauvre
nature humaine rabaissée à l'envi par les prédicateurs, les
moralistes, les auteurs de satires et de comédies, et, de-
vançant Rousseau, proclamer que les hommes naissent
tous sincères, prenant en pitié une sagesse qui ne peut
même pas nous guérir des préjugés les plus vulgaires et
les plus ridicules, il a dû combattre les sophistes, qui,
en attaquant l'ambition et la gloire, enlèvent à l'activité
son stimulant, à la vertu sa récompense, et qui, en doutant de tout, dessèchent l'âme par leur doctrine désolante,
flétrissent le cœur, et tarissent, dans leur source, les plus
nobles et les plus légitimes inspirations.

De là, ce contraste remarquable avec les moralistes du
siècle précédent : Pascal nous effraie, Larochefoucaud
nous humilie, Labruyère nous amuse, Vauvenargues nous
soutient, nous encourage, nous corrige comme un ami
qui ne désespère jamais de son ami.

L'homme explique aussi les opinions et les jugements
littéraires du critique.

Vauvenargues, préférant le sentiment à la raison, estime
peu les auteurs qui ne parlent pas le langage du cœur,
et exalte ceux qui sont tendres et sensibles. Comme il
sait peu, mais sait bien, il fait peu de cas d'un savoir
étendu, mais superficiel.

Comme il aime l'action malgré les fautes qu'elle en-
traîne, la guerre, malgré les malheurs qui la suivent,
l'ambition dût-elle produire des Clodius et des Catilina,
il défend avec chaleur les grands politiques contre des
spéculatifs oisifs, les grands guerriers et les conquérants
contre les déclamations d'un poète qui n'a jamais vu un
camp. Comme il poursuit en tout un but pratique, il
demande aux écrivains des idées solides plutôt que bril-
lantes, plutôt utiles que neuves.

Les doctrines littéraires de Vauvenargues sont la partie
la plus faible de ses œuvres, et trahissent une éducation
incomplète. C'est une œuvre inachevée : *Pendent opera
interrupta.*

« Le goût, dit-il, se compose d'un jugement sûr et
d'une sensibilité exquise et délicate : le goût du grand
nombre n'est pas juste et reste toujours corrompu ; les
habiles réforment les jugements du public, mais ils ne
changent pas son goût qui paraît toujours récusable. Mais
comme il avait déjà reconnu que le goût peut s'étendre

autant que notre intelligence, il a tort de ne pas admettre que si l'intelligence se développe, le goût devra se développer également. »

Sans doute Vauvenargues a été trompé par le cours déshonorant de ces ouvrages ridicules, de ces romans dont il méprise les froides et frivoles inventions.

Mais la vogue éphémère de mauvais ouvrages ne prouve pas que le goût du peuple soit mauvais. Tout en condamnant un livre au point de vue littéraire, nous le lisons avec avidité, s'il pique notre curiosité, s'il flatte nos préjugés, nos passions, notre sensualité.

Les auteurs qui exploitent nos mauvais instincts sont bientôt oubliés ; ceux-là seuls survivent qui suivent, non les caprices de la mode, mais les règles éternelles et immuables du bon goût.

Vauvenargues n'aime ni Fontenelle ni J.-B. Rousseau : « Libre à un savant de mettre des raisonnements, des hypothèses dans un ouvrage scientifique, mais dans une ode, nous ne voulons que des sentiments et de la passion, que les vérités naturelles qui puissent se sentir tout d'abord et non des vérités de raisonnement. Dans ce cas, ce qui n'est qu'ingénieux est contre les règles du goût. »

Vauvenargues n'a pas senti le trait distinctif qui caractérise le génie, c'est-à-dire le don de créer. Il ne fait que l'indiquer. Mêmes hésitations dans les définitions de l'imagination, de la profondeur, de l'étendue d'esprit, etc.

Comme tous les critiques, il demande avant tout, à un bon écrivain, la simplicité et la vérité, qualités fort rares dans ce siècle de raffinements, d'affectations et de frivolités, dont un maître esquisse ainsi le tableau : « Esprit d'innovation, dégoût du passé, liberté sceptique, licence effrénée, idées républicaines et mœurs monarchiques, imitation de la littérature anglaise, domination des lettres françaises, idolâtrie du talent, réforme politique, lutte contre la foi, l'antiquité et la royauté, décadence de l'art, du goût et du langage, théories absurdes, vérités généreuses, haine des abus, philanthropie, proclamation des droits des peuples et de la justice sociale, impuissance et abjection de l'autorité légitime, apothéose de la raison au milieu des ruines des mœurs... »

La simplicité ! Vauvenargues l'adore... fatigué, dit-il de cet art qui domine aujourd'hui dans les écrits, dans la conversation, dans les affaires et jusque dans les plaisirs, rebuté de traits, de saillies, de plaisanteries et de tout cet esprit que l'on veut mettre dans les moindres choses, je voudrais trouver un homme qui n'eût point d'esprit et avec lequel il n'en fallut point avoir... Avec quelle ardeur je courrais me délasser dans son entretien du jargon et des épigrammes des gens à la mode ! O charmante simplicité, j'abandonnerai tout pour marcher sur vos traces…! Rien de grand ni d'aimable où la simplicité n'est pas… Les arts ambitieux qui la fuient perdent leur éclat et leurs charmes, et comment se fait-il que l'on en puisse perdre le goût jusqu'à ne pas s'apercevoir qu'on l'a perdu ! Aussi rabaisse-t-il les prétentions de ses contemporains : « Ce n'est pas la pure nature qui est barbare, mais tout ce qui s'éloigne trop de la belle nature. » La barbarie se trouve dans les siècles trop civilisés, dans l'abus et l'excès plutôt que dans l'absence et l'ignorance de l'art et des règles. Ce n'est pas Homère, n'en déplaise à Lamotte, c'est J. Baptiste Rousseau, c'est Lamotte lui-même qui est un barbare.

La simplicité, recommandée aussi par Fénelon, était peu en honneur au XVIIIᵉ siècle.

La vérité l'était-elle davantage ?

« Il nous faut du nouveau, n'en fût-il plus au monde !» Et tout le siècle de faire chorus avec Voltaire, excepté Vauvenargues. L'ouvrage qu'il préfère n'est pas celui qui renferme le plus d'idées neuves, mais celui qui fait aimer de vieilles vérités. « Que les orateurs, dit-il, exercent leur éloquence sur les vérités les plus palpables, le plus connues, qu'ils imitent les anciens philosophes qui s'appliquaient à maintenir dans leur pureté les vérités anciennes, et à les faire entrer sans cesse dans l'esprit des hommes. »

Il ne croit pas, comme Fontenelle, que le vrai a besoin d'emprunter la figure du faux pour être agréablement reçu, ni que l'on puisse remplacer la vérité par certaines qualités secondaires : la finesse, l'élégance et l'agrément du style.

Il ne voit là qu'une déplorable manie, et il la poursuit à outrance sous le nom de bel esprit.

Il n'aime pas ces auteurs qui ne songent qu'à rendre des pensées frivoles par des traits, qui ne cherchent à persuader aucune vérité, qui ne savent pas même s'il en existe, qui ne s'inquiétent pas de le savoir, qui se croient très-permis d'égaler Achille à Thersite, qui peindront César vertueux, si César vertueux peut leur fournir un trait, ou sinon, feront voir que toute sa fortune n'a été qu'un jeu du hasard, qui feront de Brutus, tantôt un héros, tantôt un scélérat, suivant qu'ils y trouveront leur avantage.

Vauvenargues assigne aux écrivains un but sérieux ; il veut que l'on écrive « parce que l'on pense, parce que l'on est pénétré de quelque sentiment, ou frappé de quelque vérité utile... Conclusion : il faut penser avant d'écrire, sentir pour émouvoir, connaître avec évidence pour convaincre ; et tous les efforts qu'on fait pour paraître ce qu'on n'est pas, ne servent qu'à manifester plus clairement ce que l'on est. » *Recte scribendi sapere est principium et fons...*

Admirables idées développées 12 ans plus tard par Buffon dans son discours sur le style. « Bien écrire, c'est, tout à la fois bien penser, bien sentir et bien rendre ; c'est avoir en même temps de l'esprit, de l'âme et du goût. »

Boileau avait dit :

> Avant donc que d'écrire, apprenez à penser

et Vauvenargues, son vrai disciple, fait de ce vers un magnifique commentaire.

Nous reconnaissons encore l'influence de Boileau dans l'extension que Vauvenargues donne à sa théorie du vrai : « Rien n'est beau que le vrai, le vrai seul est aimable.»

« Tel auteur vous ennuie par un air trop raisonnable : soyez persuadé qu'il pèche par défaut, non par excès, la raison n'est qu'étrangère chez lui ; il veut paraître raisonnable, il ne l'est pas réellement. Tel autre vous fatigue par l'abus apparent de l'esprit, soyez convaincu qu'il n'en a trop que parce qu'il n'en a pas assez, un troisième est outré, enflé et paraît exagérer la grandeur, croyez bien qu'il n'étale une vaine grandeur que parce qu'il n'a pas la véritable, qu'il ne se guinde et ne cherche à s'élever que parce qu'il est naturellement bas et petit ; un autre enfin tombe dans la déclamation et l'emphase ; vous pouvez assurer qu'il n'est animé que d'une chaleur empruntée. »

D'ordinaire, les critiques sont assez indulgents pour l'étalage d'esprit : « Après tout, c'est un défaut rare, n'abuse pas de l'esprit qui veut. »

Vauvenargues est plus sévère, malgré son indulgence naturelle ; si un auteur, dit-il, ne fait l'agréable que parce qu'il ne l'est pas réellement, il ne court après l'esprit que parce qu'il n'en a pas.

Vauvenargues ne demande pas aux critiques une vaste érudition ; lui-même ne sait que fort peu, et il est persuadé que le bon sens supplée au savoir.

Il ne leur demande pas non plus de la singularité, car il aime peu le paradoxe, et il raille ces gens qui semblent prendre à tâche de toujours contredire le public, de mépriser ce qu'il approuve, d'admirer ce qu'il méprise, etc.

Leur demandera-t-il de la sévérité ? encore moins. Il n'éprouve que du dédain et de la pitié pour les critiques qui s'amusent à relever les moindres négligences, à peser les phrases, à éplucher les syllabes et les mots qui prennent un malin plaisir à étaler les faiblesses d'un auteur, et qui triomphent de trouver une pensée fausse dans Pascal, une expression familière dans les oraisons funèbres de Bossuet.

Il leur demande ce que l'on trouve dans ses propres ouvrages : De l'indépendance ? et personne n'en montra plus que lui ; des louanges pour les bons auteurs vivants ? et, certes, il ne les ménagea pas à Voltaire, et il fit bien.

Les écrivains de mérite ont assez à souffrir de la médiocrité envieuse et malveillante ; il est juste que des lecteurs éclairés les en dédommagent par des éloges publics. N'est-ce pas une injustice et une ingratitude d'attendre leur mort pour les louer ? « Ce sont les critiques injustes qu'il faut craindre de hasarder, non les louanges sincères. »

Enfin et surtout il leur demande de l'âme : qui jamais en eût plus que lui ? C'est à son exquise et délicate sensibilité qu'il doit d'avoir si bien apprécié nos écrivains. « Il faut, dit-il, de l'âme pour avoir du goût. Un critique qui n'aura que de l'esprit saisira les défauts d'un ouvrage, tâche facile et stérile, admirera des sentences et des antithèses, mince mérite ; mais se passionnera-t-il pour les beautés, éprouvera-t-il un enthousiasme contagieux, sentira-t-il et fera-t-il sentir aux autres la force et le mouvement des passions, leur désordre éloquent, leurs hardiesses, et ce sublime simple, qui éclaire sans éblouir et qui saisit d'autant plus qu'il cache la hauteur de son essor sous les expressions les plus naturelles ? » Jamais, et c'est pourtant ce qu'il faudrait faire, et c'est ce qu'a fait Vauvenargues.

DE LA POÉSIE

Pascal a dit : « Il y a un modèle d'agrément et de beauté qui consiste en un certain rapport entre notre manière de voir et la chose qui nous plaît : tout ce qui est formé sur ce modèle nous agrée. »

Et Vauvenargues : « On juge des productions de l'esprit, comme des ouvrages mécaniques. Quand on achète une bague, on dit : Celle-ci est trop grande, l'autre trop petite, jusqu'à ce que l'on en rencontre une pour son doigt. »

Cette réflexion explique nos préférences et nos antipathies littéraires, quoique le beau soit absolu et que ses lois dans les œuvres d'art ne dépendent pas des caprices des individus, notre prédilection décide de nos jugements. Il est naturel de préférer le genre que l'on cultive avec le plus de goût et de succès.

Pourquoi Cicéron combat-il si souvent les partisans de l'atticisme ? parce qu'ils n'estimaient guère, dans le style, que la sobriété et la précision, qualités qui ne dominent pas dans Cicéron.

Pourquoi Fénelon, dans ses dialogues sur l'éloquence, déclare-t-il qu'il n'y a pas d'éloquence sans poésie, et traite-t-il dédaigneusement la versification ? C'est parce qu'il lui manquait l'art de faire des vers.

Il en est un peu de même de Vauvenargues. Il nous apprend qu'il a composé des vers, mais on peut croire qu'ils ne valaient pas sa prose, qu'il dut plus d'une fois maudire les entraves de la versification et sacrifier la raison à la rime.

Dans une lettre à Mirabeau, il se plaint que l'on néglige l'éloquence au profit de la poésie, qui semble arrêter l'esprit autant sur les mots que sur les choses, et lier la sagacité. A quoi Mirabeau répond : « Vous êtes orfèvre, M. Josse ! »

Ainsi Vauvenargues partage les injustes prétentions de Fénelon contre la rime, et comme lui, il n'est pas éloigné de confondre la poésie et l'éloquence.

« Que manque-t-il à Mgr de Cambray pour être poète, lui qui avait l'imagination si poétique ? »

Voltaire répond très-bien : l'art de faire des vers est de ne rien dire de trop. Comme Voltaire a dit que la poésie est une éloquence harmonieuse, Vauvenargues voit là une définition qu'il met dans la bouche de Bossuet conversant avec Racine.

L'harmonie ne constitue pas une différence distinctive entre la poésie et l'éloquence. L'orateur est plus sobre d'ornements et de figures que le poète. La poésie est plus brillante, plus difficile... C'est l'expression la plus haute et la plus noble de la pensée humaine.

Ce qui excuse l'erreur de Vauvenargues, c'est que la poésie comptait, à cette époque, de tristes représentants : J.-B. Rousseau, Lamotte, Fontenelle ; Voltaire seul défendait dignement la cause de la poésie.

Encore avait-il pourtant, lui aussi, de singulières idées sur les vers, quand il conseillait de les mettre en prose, pour s'assurer s'ils étaient bons.

La poésie est chose légère, ailée et sacrée : Dieu est le poète par excellence ; le xviiie siècle n'était point poétique : la poésie avait disparu avec la foi et l'amour.

Je comprends que Vauvenargues ne voyant pas de poètes, ait poursuivi les versificateurs, les faiseurs de stances ; je comprends qu'il trouve plus de poésie dans la prose de Bossuet que dans tous les vers de La Motte.

Il préfère l'éloquence à la poésie, mais il la défend pourtant contre Fontenelle, qui prétendait que la poésie, comme l'éloquence, est *peu de chose*.

Vauvenargues lui prouve que la poésie demande autant de talent que les sciences et la philosophie, exige autant de raison et de bon sens, rend même plus de services à l'humanité. Plaidoyer poli et délicat dans la forme, solide et vigoureux dans le raisonnement, Vauvenagues accable de louanges son adversaire avant de le confondre, et s'incline respectueusement devant lui avant de le renverser.

DE L'ÉLOQUENCE

Vauvenargues avait un tempérament éminemment oratoire. Partout il éprouve le besoin de persuader et de convaincre ; partout il se montre orateur, dans ses discours, dans ses conseils, ses réflexions, sa correspondance, et jusque dans ses définitions. Il y aurait de quoi faire avec ses œuvres toute une rhétorique propre à l'éloquence moderne, qu'on pourrait rapprocher de celle de Fénelon et du chapitre de Pascal sur l'art de persuader. Aussi ne faut-il pas s'étonner qu'il fasse le plus grand cas de l'éloquence.

Dans une lettre à Mirabeau il dit : l'éloquence est peut-être le seul talent utile à tous les états, à toutes les affaires et presque à tous les plaisirs, le seul talent qui soit senti de tous les hommes en général, le talent qu'on doit le plus cultiver pour plaire et réussir... Et il répète ces idées très-souvent, et presque toujours dans les mêmes termes.

Mais que de qualités ne faut-il pas pour constituer l'éloquence ! « Le raisonnement et le sentiment, le naïf et le pathétique, l'ordre et le désordre, la force et la grâce, la douceur et la véhémence, une égale supériorité de raison, d'imagination et de sentiment, de l'élégance, de la pureté, de l'harmonie.

Comme tous les critiques, Vauvenargues reconnaît que l'étude et l'art peuvent aider et développer la nature (*Fiunt oratores*), et il conseille d'apprendre les règles, de lire les bons modèles, entr'autres les grands poètes.

Mais il prétend, et c'est en quoi il se distingue, que
« la conversation, lorsqu'on s'y propose quelque objet,
est la manière la plus courte de s'exercer à l'éloquence. »
La plus courte, c'est possible ; la plus sûre, c'est différent.
Ne juge-t-il pas trop les autres d'après lui ?

Nous devinons d'après ce qu'il dit sur l'*Esprit de manège*,
et nous savons par le témoignage de Marmontel qu'il
tenait dans ses mains les âmes de ceux qui l'écoutaient.
Oui, mais on n'a pas toujours pour auditeur un Voltaire
ou un Marmontel. Lui-même se plaignait de la frivolité
des conversations du monde. La conversation, telle qu'il
la conçoit, cesserait d'amuser et de distraire, et fatigue-
rait bien vite. Je m'étonne aussi qu'il mette son précepte
dans la bouche de Démosthène ; ce n'est pas en effet la
conversation et le commerce du monde, mais la solitude
et la retraite qui formèrent le grand orateur grec.

Dans ses jugements littéraires, Vauvenargues passe neuf
poètes en revue : Chaulieu, Voltaire, Quinault, La Fontaine, Boileau, Molière, Corneille, Racine et J.-B. Rousseau. Peut-être est-il un peu indulgent pour Voltaire, un
peu sévère pour Quinault, mais son originalité éclate
surtout dans l'appréciation des six derniers.

LA FONTAINE

Il a eu tort « le bonhomme de manger son fond avec
son revenu ; et de croire les trésors chose peu nécessaire.»
Réduit pour vivre aux plus tristes expédients, obligé de
chercher un refuge tantôt chez l'un, tantôt chez l'autre,
il se voit fermer les portes de l'Académie, est exploité
par Lulli et raillé par ses amis intimes. Boileau consacre,
dans son art poétique, une page au sonnet, et pas un seul
mot au fabuliste. Et de nos jours, ne l'a-t-on pas appelé
un « préjugé national » ce qui n'enlève d'ailleurs rien à sa
gloire ?

Au siècle dernier, on ne fut guère plus juste envers
lui. Les critiques les plus éclairés, et Voltaire lui-même,
affectaient de lui refuser le génie, et de ne lui accorder
que l'*instinct*.

Vauvenargues vient qui se scandalise : « On ne peut
comprendre que le mot d'instinct ait été employé avec
une affectation particulière à marquer le caractère d'un
esprit si fin. »

Voltaire se sent attaqué, et répond : « C'est à cause
de sa conduite et de son ineptie en tout le reste. » Sans
doute parce qu'il n'eut pas le talent de faire sa fortune en
faisant des vers, tort grave au yeux de Voltaire qui sut
concilier les intérêts de la fortune et de la poésie. Inep-

tie, le mot est dur ! Instinct ! le talent de La Fontaine, parce qu'il produisait, dit-on, ses fables sans travail, sans efforts. Naturellement... de là le mot de fablier.

Faux préjugé ! On sait comme La Fontaine coupe habilement ses vers, mélange heureusement les rimes, et emploie tous les artifices du style :

> L'homme au trésor arrive, et trouve son argent
> Absent
> Même il m'est arrivé quelquefois de manger
> Le berger

Ces effets sont-ils dus au hasard, à l'instinct ? Sans doute chez La Fontaine, tout est naturel, tout coule de source ; on ne sent pas l'effort, mais ce sont les œuvres les plus travaillées qui le paraissent le moins. *Summa ars est artem non apparere.*

La Fontaine, nous dit-on, était souvent plongé dans la méditation, la rêverie... Qu'est-ce donc, si non un travail intérieur qui le dispensait de travail extérieur ?

Quand il prenait la plume, il n'avait qu'à la laisser courir sur le papier. Tout était mûr, tout était préparé, ses idées et ses sentiments ne demandaient qu'à s'épancher.

Vauvenargues a donc raison de rejeter le mot d'instinct, et de proclamer hautement le génie, l'esprit et la finesse de La Fontaine, et il faut lui en savoir d'autant plus de gré qu'il n'aimait guère les fables, et les croyait tout au plus bonnes pour les enfants et les esprits faibles qui ne sortent pas de l'enfance.

Il n'aimait guère non plus les contes, et il juge ceux de La Fontaine avec sévérité, mais avec assez de justice au point de vue moral et littéraire.

« Je remarque, dit-il, que le bon sens et la simplicité sont les caractères dominants de La Fontaine. Sa simplicité donne de la grâce à son bon sens, et son bon sens rend sa simplicité piquante... Pourquoi le bon sens, qui est un don de la nature, n'en aurait-il pas l'agrément ? La raison ne déplaît dans la plupart des hommes que parce qu'elle y est étrangère. »

C'est là sa théorie favorite qu'il applique aussi à Boileau.

Vauvenargues défend Boileau contre les critiques de son temps qui accordaient bien une foule de qualités secondaires à l'auteur de l'art poétique, mais s'obstinaient à lui refuser le génie. Boileau, dit-il, prouve autant par son exemple que par ses préceptes que toutes les beautés des bons ouvrages naissent de la vive expression et de la peinture du vrai, et il ajoute : La raison n'était pas distincte dans Boileau du sentiment. C'est aller trop loin : Boileau est avant tout le poète de la raison, non du sentiment.

Vauvenargues est plus heureux, dans son appréciation, quand il vante le bon sens de Boileau, rappelle les services qu'il a rendus à notre littérature, et proclame ses droits à l'admiration de la postérité. « Boileau ne s'est pas contenté de mettre de la vérité et de la poésie dans ses ouvrages, il a enseigné son art aux autres, il a éclairé tout son siècle, il en a banni le faux goût, autant qu'il est possible de le bannir de chez les hommes. Il fallait qu'il fût né avec un génie bien singulier pour échapper, comme il l'a fait, aux mauvais exemples de ses contemporains, et pour leur imposer ses propres lois. Ceux qui bornent le mérite de sa poésie à l'art et à l'exactitude de sa versification, ne font pas peut-être attention que ses vers sont pleins de pensées, de vivacité, de saillies et même d'invention, de style. Admirable dans la justesse, la solidité et la netteté de ses idées, il a su conserver des caractères dans ses expressions, sans perdre de son feu et de sa force. »

On n'a jamais mieux parlé des qualités et des mérites de Boileau.

Vauvenargues a été au contraire fort injuste envers Molière, et cela se conçoit : Il ne pouvait guère le comprendre. Il n'aimait pas les rieurs qui étalent les faiblesses de l'humanité : « Que fera-t-il celui qui traite toutes choses en badinant ? S'il ne voit plus rien de sérieux, et qui vaille la peine qu'on s'en occupe, où seront ses plaisirs, où seront ses devoirs ? Il n'est plus propre aux affaires, ni à la politique, ni aux sciences ; il devient inutile à la société, en même temps inutile à lui-même. »

« Vauvenargues aurait raison, si Molière riait ainsi, mais sous son rire on sent une profonde compassion pour les misères, et sous la légèreté de la forme, un fond très-sérieux : Est-il rien de plus sérieux que de faire la guerre à l'esprit de coterie et au jargon des précieuses, aux travers de la noblesse, aux ridicules de la bourgeoisie, à l'hypocrisie des faux dévots ?

Boileau a-t-il fait une seule satire qui ait exercé une influence aussi décisive que les *Précieuses* de Molière ? On connaît le mot de Ménage à Chapelain : « Il nous faudra brûler ce que nous avons adoré, et adorer ce que nous avons brûlé. »

Vauvenargues, qui aimait tant l'action, aurait dû rendre plus de justice à un poète qui ne cessa jamais d'agir, qui fut toujours sur la brèche pour combattre les préjugés, les ridicules de son siècle et les vices de tous les temps.

Il lui reproche d'avoir pris des sujets trop bas. Les *Femmes savantes*, le *Misanthrope*, le *Tartufe* sont-ils des sujets trop bas ?

Il compare, il préfère La Bruyère à Molière. Voltaire trouve le parallèle contestable, et c'est de l'indulgence. La Bruyère a tracé, lui aussi, des caractères, mais c'est une chose très-différente de peindre d'une manière, pour ainsi dire, abstraite des personnages, et de leur donner la vie, le mouvement et l'action.

Sans doute, La Bruyère observe, compare, analyse tout minutieusement, ne laisse échapper aucun détail ; son style original et piquant relève les moindres circonstances, donne une tournure singulière aux choses les plus communes, et rajeunit les plus vieilles ; peut-être croyait-il avoir l'étoffe d'un poète comique, quand il tentait de refaire le *Tartufe* ?

Mais nous n'en préférons pas moins le *Tartufe* de Molière au *Tartufe* de La Bruyère.

Onuphre est un hypocrite excessivement prudent, qui est maître de toutes ses actions, de toutes ses paroles, de toutes ses pensées, c'est un hypocrite parfait, mais c'est un personnage très-froid et impossible sur la scène. Il se permet une petite calomnie, une petite médisance, moins encore, un sourire, un soupir : il vient à ses fins sans se donner la peine d'ouvrir la bouche.

C'est très-bien, mais composez donc une scène de comédie avec un sourire et un soupir !

Vauvenargues reproche encore à Molière ses incorrections. Il y a, en effet, dans ce poète, des négligences, le temps lui manquait pour soigner son style, et le temps fait beaucoup à l'affaire. Il peignait à fresque.

Et la fresque est pressante, et veut sans complaisance qu'un peintre s'accommode à son impatience. Ce sont là de légères taches qu'il faut laisser relever par les éplucheurs de mots et de syllabes.

Il eût été plus digne de Vauvenargues de faire sentir les admirables beautés, la verve, le génie créateur de Molière. Il lui reconnaît du naturel, de la vivacité dans les dialogues, une forte et continuelle imitation des mœurs, c'est beaucoup, mais ce n'est pas assez, quand il s'agit du premier de nos poètes.

CORNEILLE ET RACINE

Vauvenargues a réuni ces deux noms.
Notre critique ressemble un peu à un avocat qui

a un client à défendre, un adversaire à combattre, et
fait ressortir les qualités de l'un en y opposant les
défauts de l'autre. Ici, il oppose aux négligences, aux
grossièretés, l'obscurité, à la monotonie, à la recherche,
à l'enflure, aux mauvais goûts et à la sécheresse de
Corneille, la perfection, l'élégance, la clarté, la variété,
le naturel, la simplicité, le goût délicat et la tendresse
de Racine.

Comme tout avocat, il est naturellement très-partial
pour son client. Il reconnaît bien quelques défauts à
Racine, et quelques mérites à Corneille, mais c'est une
concession faite à l'autorité de Voltaire.

S'il a trop méconnu les beautés de ce grand poète, il
en a saisi les défauts avec une singulière pénétration, et
M. Gilbert signale avec raison le fait curieux que plus
d'une fois Voltaire, après avoir blâmé les critiques de
Vauvenargues, a fini par les reprendre pour son propre
compte.

C'est Vauvenargues qui a signalé le premier les deux
défauts que l'on reproche principalement à Corneille :
l'abus du raisonnement d'abord, puis l'enflure et la
déclamation.

« De là, dit-il, ses antithèses affectées, ses phrases
synonymes où la même pensée est plus remaniée que
la division d'un sermon ; de là encore les disputes
opiniâtres, où l'on croit assister à une thèse de
philosophie. Les premiers personnages de ses tragédies
argumentent alors avec la tournure et les subtilités de
l'école, et s'amusent à faire des jeux frivoles de
raisonnements et de mots, comme des écoliers ou des
légistes. »

Et pour l'enflure : « Les héros de Corneille disent
souvent de grandes choses sans les inspirer ; ceux
de Racine les inspirent sans les dire ; les uns parlent,
et toujours trop, pour se faire connaître, les autres se
font connaître parce qu'ils parlent. »

Corneille prend l'ostentation pour la hauteur, et la
déclamation pour l'éloquence. « J'aime, dit-il, la
véritable grandeur et je déteste la fausse, et rien ne
décèle si parfaitement une hauteur fausse et contrefaite
qu'un discours fastueux et emphatique. »

Son poète, c'est Racine, le poète des âmes sensibles,
alors déprécié, dont il proclame le génie avec enthousiasme. « Personne ne donna jamais au théâtre plus de
pompe... Quelle facilité ! Quelle abondance ! Quelle
poésie ! Quelle imagination ! Qui créa jamais une
langue plus magnifique, plus varié, plus noble, plus
harmonieuse, plus touchante !... C'est le plus beau

2

génie que la France ait eu, et le plus éloquent de ses poètes. »

C'est bien ! le plus éloquent de nos poètes a trouvé le plus éloquent des avocats.

Dites-lui que son client n'a pas donné à ses héros le caractère de leur siècle et de leur nation, il vous répondra : « Les grands hommes sont de tous les âges et de tous les pays. »

Reprochez-vous à Racine d'avoir peu de vigueur et d'énergie dans le style ? Vauvenargues vous réfute en déclarant qu'il y a si peu d'affectation dans les discours de ses personnages qu'on ne s'aperçoit pas de l'énergie et de la hauteur qu'y s'y rencontre.

La Harpe développera plus tard ces idées, et montrera que Racine sait, au besoin, tout aussi bien que Corneille, prêter un fier et mâle langage à ses héros...

C'est vrai ; mais cet enchanteur n'est pourtant pas sans défauts : « Des périphrases inutiles, des répétitions, des substantifs abstraits, donnent quelquefois à son style une couleur indécise. »

En outre, quoique la vérité générale du sentiment et de la passion soit bien supérieure à la vérité de la couleur locale, les héros grecs de Racine ressemblent trop aux héros du XVIIe siècle, et nous font regretter, avec Fénelon, l'aimable simplicité du monde naissant. »

Racine, enfin, est moins original que Corneille qui a véritablement créé notre théâtre, en parlant, le premier, un langage élevé, noble et soutenu.

Pourquoi certains poètes, partisans et défenseurs de Corneille, ont-ils tant déprécié Racine ? C'est que Racine les désespère par la pureté, la perfection, l'admirable harmonie de son style. Corneille leur va mieux avec ses sublimes beautés et ses négligences ; s'ils ne peuvent pas imiter ses beautés, ils imiteront ses défauts, et lui ressembleront toujours par quelque endroit.

J.-B. ROUSSEAU

Vauvenargues apprécie bien les odes de Rousseau. Il reconnaît à ce poète beaucoup de qualités, mais il lui reproche des pensées fausses et peu de chaleur ; il prend contre lui la défense de Sylla, d'Annibal et d'Alexandre, ce qui n'est pas étonnant, car on sait que Vauvenargues aime les hommes d'action. Il voit dans les attaques de Rousseau des déclamations, et non le désir de convertir les conquérants et de prévenir les malheurs de la guerre.

Mais voici un défaut plus grave dans un poète lyrique :

« Rousseau a beau jouer la passion, l'enthousiasme, le délire, tressaillir d'une sainte horreur. » Vauvenargues le trouve froid, et raille les admirateurs fanatiques du poète. « S'ils sont transportés par la lecture de ces odes, si leurs cheveux se dressent sur leur tête, c'est qu'ils sont plus sensibles que moi. »

Ainsi, ni pensées, ni passions dans les odes de Rousseau, mais des vers bien faits, de l'harmonie et le mérite de la difficulté vaincue, et la postérité a ratifié ce jugement.

Toutefois, il a fallu beaucoup de pénétration à Vauvenargues pour saisir si bien les défauts de ces odes et de hardiesse pour dire tout haut sa pensée. Le XVIII° siècle se contentait très-bien de la poésie et du lyrisme de J.-B. Rousseau que certains critiques plaçaient au-dessus de Voltaire, de Pindare et d'Horace.

Vauvenargues a eu peut-être aussi le mérite de pressentir le mouvement qui devait renouveler, un siècle plus tard, la poésie lyrique.

Cette poésie lyrique, surtout sentimentale, s'adresse plus au cœur et à l'imagination qu'à l'esprit. Elle cherche plutôt à remuer les passions qu'à satisfaire la raison, elle est éminemment personnelle, elle réfléchit les doutes, les espérances, les joies, les douleurs du poète. N'est-ce pas là ce qui caractérise Vauvenargues ? Son langage a parfois une couleur si poétique, que le goût un peu susceptible et délicat de Voltaire s'en effarouchait.

Voltaire biffa ces deux belles maximes :

« Les premiers jours du printemps ont moins de grâce que la vertu naissante d'un jeune homme. »

« Les feux de l'aurore ne sont pas si doux que les premiers regards de la gloire. »

Et cette invocation à Dieu, véritable effusion lyrique qui trahit les douleurs de Vauvenargues :

« O mon Dieu, si vous n'étiez pas, ou si vous n'étiez pas pour moi, seule et délaissée dans ses maux, où mon âme espérerait-elle ? Serait-ce à la vie qui m'échappe et me mène au tombeau par les détresses ? Serait-ce à la mort qui anéantirait avec ma vie tout mon être ?...

Et dans ce passage où « les images du malheur des hommes le plongent dans une rêverie attendrissante » ne vous semble-t-il pas sentir le souffle de Lamartine ?

Il y a là plus de poésie que dans les odes de Rousseau :
« L'art ne fait que des vers, le cœur seul est poète. »

Nos lyriques relèvent de Chateaubriand et de Bernardin de Saint-Pierre, et ceux-ci de J.-J. Rousseau.

Or, Vauvenargues a exercé une assez grande influence sur J.-J. Rousseau. Tous deux pensent beaucoup de bien de la nature humaine, font assez peu de cas de la philosophie, se préoccupent des misères de l'individu ; tous deux pleurent en lisant Plutarque, et éprouvent de singuliers accès d'enthousiasme, tous deux enfin préfèrent la nature à l'art, le sentiment à la raison, et s'attachent à se peindre dans leurs écrits.

Vauvenargues est dans Turnot, Cléon, Clazomène ; Rousseau, dans Saint-Preux, et surtout dans le jeune calviniste accueilli par le vicaire Savoyard.

Vauvenargues est le père de cette littérature intime qui se continue par Rousseau et Chateaubriand pour venir aboutir à Lamartine.

Toutefois plus soigneux de sa dignité, il aurait rougi, lui, d'étaler ses faiblesses et ses misères : l'âme a sa pudeur comme le corps. Quand Racine se vit rebuté par le public et disgracié par le roi, si, au lieu de dévorer ses larmes en secret, de renfermer au fond de son cœur le chagrin qui le mena sitôt au tombeau, il avait soulagé sa douleur en la répandant au dehors, comme la poésie aurait jailli à flots de son âme tendre et sensible ! S'il a si bien redit les malheurs de Sion, quels accents pathétiques et déchirants n'aurait-il pas trouvé pour exprimer ses propres souffrances ! mais l'élève de l'austère Port-Royal fut digne et se tut.

Vauvenargues, blessé, comme Racine, mais bien plus cruellement, laisse après lui des confidences. Rousseau va plus loin et nous donne des confessions.

Depuis, la littérature personnelle a fait d'effrayants progrès : nous ne voyons plus que confidences, confessions, histoire de ma vie, mémoires, etc. Jamais le *moi* ne fut plus haïssable.

LES ORATEURS

Vauvenargues admire beaucoup Labruyère ; « il n'y a presque point de tour dans l'éloquence qu'on ne trouve dans Labruyère. »

Peut-être même l'admire-t-il trop, du moins a-t-il tort de le comparer à Fénelon, à cause de la différence entre les genres des deux écrivains, et surtout entre leurs talents.

Il lui accorde le génie qui crée et il a raison, s'il s'agit du style, non, s'il s'agit du fond des choses. Labruyère lui-même en convient : « Tout est dit et l'on vient trop tard depuis plus de 7,000 ans qu'il y a des hommes et qui pensent. »

Selon Vauvenargues, il est impossible d'imiter Labruyère. C'est une erreur : Son style est travaillé et
apprêté, ni simple, ni naturel, il a une *manière*, et de
tous nos bons auteurs, c'est le plus facile à imiter, comme
Charles Nodier l'a prouvé dans le portrait de Criton.

Labruyère se prête si bien à l'imitation, que Vauvenargues lui-même reproduit parfois la couleur et le
mouvement de ses phrases.

Enfin, peut-on mettre Labruyère au nombre des orateurs ? Non, car il n'y a pas une suite sensible dans
ses caractères et qu'en se dispensant des transitions, il
s'est débarrassé d'une des plus grandes difficultés de l'art
d'écrire.

En outre, malgré ses deux tableaux célèbres : La
misérable condition des paysans, et la fragile grandeur
de Zénobie, il ne me paraît pas doué de la sensibilité de
l'orateur qui touche, émeut, et remue le cœur.

La peinture de la condition des paysans est énergique,
sombre, poignante, mais il y a là plutôt une ironie amère
et mordante qu'une éloquence touchante et pathétique.
Le cœur se serre, mais il n'est pas attendri : nos larmes
ne coulent pas.

Labruyère a deux procédés : la suspension et le contraste : chez lui, l'esprit domine le sentiment. Il nous
fait lui-même une confession assez curieuse. « L'on écrit
régulièrement depuis vingt années... l'on est esclave de
la construction... L'on a mis dans le discours tout l'ordre
et toute la netteté dont il est capable ; cela conduit
insensiblement à y mettre de l'esprit. »

Vauvenargues, malgré son admiration, entrevoit les
défauts qui déparent les ouvrages de Labruyère, et dit
avec une certaine timidité : « Si j'osais lui reprocher
quelque chose, ce serait d'avoir trop tourné et travaillé
ses ouvrages : un peu plus de simplicité et de négligence
aurait peut-être donné plus d'essor à son génie...

Boileau, moins indulgent, écrit : « Maximilien (Labruyère) est un fort honnête homme, et à qui il ne man-
querait rien, si la nature l'avait fait aussi agréable qu'il
a envie de l'être. »

Vauvenargues défend Pascal et Fénelon contre Voltaire,
qui refusait l'éloquence à tous nos écrivains, excepté à
Bossuet, pour ne leur accorder que l'élégance.

Il reproche bien à Fénelon d'abuser parfois des lieux
communs de la poésie, et d'avoir une chaleur plus factice
que réelle, mais il excuse et justifie tout le reste, même
les répétitions et les longueurs.

« Ces répétitions, dit-il, sont un art de faire reparaître

la vérité sous de nouveaux tours pour l'imprimer plus avant dans l'esprit des hommes. »

Et que de qualités réelles compensent les défauts apparents de Fénelon !

« Ombre illustre, aimable génie, toi qui fis régner la vertu par l'onction et par la douceur, pourrais-je oublier la noblesse et le charme de ta parole, qui orna jamais la raison d'une si touchante parure !

Que Vauvenargues ait si bien plaidé la cause de Fénelon, rien d'étonnant ; Fénélon était son idéal ; mais il a eu plus de mérite à défendre Pascal avec qui il ne devait pas autant sympathiser.

Pascal était violemment attaqué par le parti philosophique qui voyait en lui un partisan acharné du fanatisme et un ennemi juré de la raison.

Ce parti ne sentait guère les beautés de Pascal ou les reconnaissait d'assez mauvaise grâce.

Vauvenargues déclare que Pascal est un des premiers, sinon le premier de nos écrivains : « J'aime Boileau d'avoir dit que Pascal était également au-dessus des anciens et des modernes, moi-même j'ai quelquefois pensé, sans jamais l'oser dire, qu'il n'avait pas moins de génie pour l'éloquence que Démosthène..... C'est l'homme du monde qui savait mettre la vérité dans son plus beau jour, et raisonner avec plus de force. Génie simple et puissant, il assemble des choses qu'on croyait être incompatibles : la véhémence, l'enthousiasme, la naïveté avec les profondeurs les plus cachées de l'art, mais d'un art qui, loin de gêner la nature, n'est lui-même qu'une nature plus parfaite. Il illumine, il presse, il étonne, il fait sentir despotiquement l'ascendant de la vérité. »

Personne n'a mieux analysé, mieux fait comprendre le génie de Pascal et la nature de son éloquence.

FONTENELLE

Vauvenargues n'aime pas Fontenelle pour bien des raisons : Fontenelle voulait faire régner partout l'esprit et proscrire le sentiment. Vauvenargues sacrifiait l'esprit au sentiment.

Fontenelle professait le plus grand dédain pour l'éloquence et la poésie et n'estimait guère que les sciences exactes. Vauvenargues faisait le plus grand cas de l'éloquence et de la poésie, et ne craignait pas de mettre les sciences morales au-dessus des sciences naturelles et physiques.

Fontenelle élevait fort haut son oncle Corneille, et

plaçait bien bas son ennemi Racine. Vauvenargues goûtait fort peu Corneille et adorait Racine.

Enfin, tout au rebours de Vauvenargues, Fontenelle préférait, dans un écrivain, l'art à la nature, la nouveauté ingénieuse à la vérité, les recherches du bel esprit à la simplicité.

Cependant, Vauvenargues paraît avoir assez bien traité Fontenelle dans l'article spécial qu'il lui a consacré. S'il lui reconnaît quelques défauts, s'il trouve son style froid, peu naturel, s'il lui reproche de s'être trompé dans les choses de sentiment, il le regarde du moins « comme un des plus grands philosophes de la terre. »

Cet éloge est-il sincère ? Fontenelle, un des plus grands philosophes de la terre !... que dire donc d'Aristote et de Platon, de Descartes et de Leibnitz ?

Vauvenargues use un peu de politique à l'époque où il écrivait : « Fontenelle, le bel esprit, auteur des lettres galantes et des dialogues des morts et le secrétaire admirable de l'académie des sciences, était presque centenaire et jouissait de la plus grande considération : il était respecté de tout le monde, même de Voltaire qui avait eu pourtant plus d'une fois à s'en plaindre. Vauvenargues, jeune écrivain, encore obscur, pouvait-il attaquer un vieillard ainsi entouré du respect et de la considération générale ? Il avait trop de tact et de bon goût : il rend, comme les autres, des hommages en public à Fontenelle, mais il s'en venge bien en secret.

Cherchez son opinion dans les réflexions, les caractères, les dialogues et les maximes.

Son Isocrate ou le bel esprit moderne, n'est autre que Fontenelle. Isocrate est né sans passions et ne goûte pas la simplicité, il trouve qu'on ne devrait donner dans le sublime qu'à son corps défendant, il plaisante, il badine surtout ; il n'a jamais cherché qu'une chose, faire voir qu'il avait de l'esprit. Isocrate, comme Fontenelle, a dit : « L'éloquence et la poésie sont peu de chose. »

Il a comparé le génie et l'esprit ambitieux des héros de la Grèce à l'esprit de ses courtisanes.

L'allusion est transparente : cher Fontenelle, l'aimable conquérante Phryné se compare à l'illustre conquérant Alexandre.

Enfin, pour compléter la ressemblance. Isocrate est un esprit universel, « il est à la tête des philosophes. »

C'est de l'ironie. Comment se fait-il qu'aucun critique n'ait encore signalé cette ressemblance frappante entre Isocrate et Fontenelle ? C'est l'érudition superficielle, le scepticisme, le bel esprit que Vauvenargues combat impitoyablement.

Vauvenargues reproche à Isocrate, à Fontenelle, de tout savoir, sans rien savoir, de n'avoir ni cœur ni entrailles, de soutenir le pour et le contre avec une parfaite indifférence, de s'attacher à détruire plutôt qu'à établir, de traiter tout en riant, de n'avoir jamais songé qu'à une chose, à se faire passer pour un homme d'esprit.

Nous avons expliqué le caractère général de la critique de Vauvenargues, et passé en revue ses doctrines et ses jugements littéraires. Il nous reste à nous résumer, et à l'apprécier en quelques mots.

Vauvenargues n'est pas un critique de profession ; très-instruit, connaissant parfaitement les termes et les règles de l'art, procédant par ordre et avec méthode... il s'en rapporte tout simplement à ses impressions personnelles ; il prend pour seul guide l'instinct et le sentiment.

De là sa faiblesse et sa force, ses erreurs et son originalité ; de là ses définitions inexactes, ses nombreuses contradictions, ses obscurités, la forme un peu vague et flottante de ses théories.

De là ses préjugés contre la versification, sa sévérité pour Corneille et son injustice envers Molière ; mais de là aussi l'indépendance et la nouveauté de sa critique.

Il ne relève de personne, ne demande à personne ce qu'il faut sentir, penser et dire ; il ne puise ses idées dans aucun livre, il ne consulte que lui, ne croit que lui, ne se donne la peine d'exprimer que ce qu'il croit et pense par lui-même.

Les plus grands noms ne lui imposent pas ; il ne se laisse pas aveugler par les préjugés de son temps. La passion du vrai est son idéal, sa règle de conduite... contre Fontenelle, il défend ce qu'il appelle les lumières de sentiment, l'éloquence et la poésie ; contre Voltaire, le génie de La Fontaine et de Boileau, l'éloquence de Pascal et de Fénelon ; contre tout son siècle, la nature, la simplicité et la vérité.

Le premier, il marque nettement le rôle du sentiment dans la critique ; il saisit le caractère particulier de la tragédie française, telle que l'ont créée Corneille et Racine ; le premier, il relève toutes les beautés de Racine ; le premier il ose accuser de froideur et de déclamation l'ode de J.-B. Rousseau, et condamner notre poésie lyrique à une éternelle impuissance, si elle ne veut pas changer de voie.

Quelques idées de Vauvenargues peuvent ne plus paraître bien neuves aujourd'hui, mais il y aurait de l'ingratitude à ne pas lui savoir gré de les avoir émises le premier, et de l'injustice à ne pas reconnaître qu'il lui a souvent fallu pour cela de la hardiesse et une sagacité peu communes.

Quand nous n'aurions de lui que son jugement sur J.-B. Rousseau, et les quelques lignes éloquentes où il recommande aux écrivains la simplicité et la vérité, cela suffira pour le faire lire. Jamais peut-être autant qu'aujourd'hui la littérature ne fut un métier ; jamais l'homme de lettres ne ressemble plus « au maçon qui bat du plâtre, » jamais il ne parut plus opportun de rappeler à tout homme qui se mêle d'écrire que « l'auteur est fait pour le lecteur, mais que le lecteur n'est pas fait pour admirer l'auteur qui lui est inutile. »

Est-il besoin d'ajouter que la lecture de Vauvenargues est aussi attrayante qu'utile ? On ne trouvera pas sans doute chez lui la touche mâle et sévère, l'énergie et la profondeur de Pascal, la sublimité de Bossuet, l'abandon aimable et la grâce de Fénelon, la précision piquante de Labruyère. On pourrait même relever dans son langage quelques expressions impropres, quelques locutions méridionales, des tours un peu incorrects, certains traits un peu vagues et indécis, mais son style est en général abondant, sans profusion, simple sans bassesse, noble sans emphase, animé sans déclamation.

On sent un homme fortement persuadé et convaincu, qui veut persuader et convaincre une belle âme d'où s'échappent de belles pensées, exprimées dans un beau langage.

VAUVENARGUES

MORALISTE

—∞:∞⋅∞∞—

« *Tu non corpus eras sine pectore.* »

Quoique l'on ait beaucoup écrit sur Vauvenargues, et qu'il reste peu de chose à dire, après M. Gilbert, son éloquent panégyriste, nous voulons refaire sa biographie morale, montrer l'homme dans l'écrivain, discuter son autorité, signaler les tendances de son caractère et de son esprit, l'utilité de ses œuvres, la persévérance de sa généreuse ambition, le milieu où il a vécu, les influences qu'il a subies, le jugement dont il a été l'objet et la part de gloire qu'il a méritée.

C'est en 1745 que Vauvenargues vint s'établir à Paris, et chercher dans l'étude des lettres, dans la retraite et la méditation, la gloire, dont les premiers regards sont plus doux que les feux de l'aurore, et que la carrière des armes lui avait refusée.

On connaît le mouvement nouveau qui se produisait alors dans le monde littéraire.

Lorsque Louis XIV fut descendu au tombeau, en 1715, après avoir vu s'évanouir toutes les grandeurs de son siècle dans les pâles rayons de son soleil couchant, la société française s'émancipa, et les philosophes prirent le sceptre qu'un pouvoir légitime, mais insouciant de ses droits et de ses devoirs, n'avait plus la force de porter. Les libres penseurs régnèrent sur l'opinion, non par droit de naissance mais par droit de génie, et tout en conservant une partie des traditions littéraires du grand siècle, ils ne gardèrent qu'un bien faible respect pour une autorité peu respectable du reste.

« L'esprit humain, a dit Luther, est comme un homme ivre à cheval ; si vous le relevez d'un côté, il tombe de

l'autre. » Ainsi nos écrivains secouèrent bientôt tout
espèce de joug, et moins soigneux de leur dignité qu'a-
vides d'abuser d'une indépendance nouvellement acquise,
ils détruisirent la royauté, après avoir sapé la religion
qui lui servait de base. Ils foulèrent aux pieds une autorité longtemps redoutée.

« *Namque avide conculcatur nimis ante metutum.* »

Et comme le maître n'était plus là pour soutenir cette
fougue d'incrédulité, et forcer les railleurs à se taire, le
torrent coulait, coulait toujours, entraînant dans sa course
nos vieilles institutions...

Alors les littérateurs dissimulent la hardiesse d'une
pensée frondeuse sous une forme badine, et Montes-
quieu, le grave magistrat, prélude à l'*Esprit des Lois*
par les *Lettres Persanes*...

Dans leur impatience à réaliser un nouvel ordre de
choses, les apôtres de la tolérance deviennent à leur tour
intolérants, l'épicuréisme recrute partout des disciples, le
déisme fait place à l'athéisme, l'indépendance à la haine
de tout pouvoir, le libre examen à l'abolition de tout
principe, en attendant que Rousseau, l'éloquent défen-
seur du spiritualisme, fasse entendre ses premières pro-
testations contre cette corruption systématique.

Au milieu de cette société où l'esprit gouverne, dans
cette république des lettres qui a déjà Voltaire pour
président, et qui aura bientôt le baron d'Holbach pour
amphitryon, Vauvenargues semble contempler, avec quelque défiance du succès, sinon avec quelques regrets du
passé, la foule agitée, étourdie, qui se précipite vers
l'inconnu.

Né pour obéir à de nobles inspirations, il semble se
roidir contre l'incrédulité, et il ne pense pas qu'il soit
ridicule de croire ce que tant de génies ont cru.

La religion adoucit nos maux, et qui fut plus malheureux que Vauvenargues ! Déjà la souffrance a creusé sur
son jeune front « *frons læta parum* » les rides de la
vieillesse, et on lit sur ses traits le présage d'une mort
prématurée. Mais son âme forte reste maîtresse du corps
qu'elle anime, et le philosophe aux prises avec la douleur
n'est pas moins brave que le soldat qui, naguère, affron-
tait le canon dans les champs de la Moravie. Au bivouac,
ses camarades l'appelaient le père, à cause de sa sagesse, quoiqu'il avoue lui-même qu'il partagea parfois
leurs folies, et qu'il se repente de n'avoir assez aimé la
vertu, qui l'aurait consolé dans ses disgrâces.

Les maximes de Vauvenargues sont le fruit de sa pré-
coce maturité. Moraliste souffrant et pauvre, il écrit

pour le soulagement de son cœur, mais dans cette petite chambre de la rue du Paon, où il cache sa misère et son ambition, il est trop fier pour se plaindre, pour avouer sa défaite, et il meurt en héros sans que personne en ait rien su.

La postérité lui a rendu justice, et l'a traité d'autant mieux qu'il avait plus souffert. Nous aimons en effet ceux qui, entrés dans la carrière avec un légitime espoir de succès, sont arrêtés soudain par une cruelle destinée *fato intercepti :* » c'est que la jeunesse séduit par ses promesses et le prestige d e l'espérance.

« Il y avait pourtant quelque chose, là, » dit Chénier, en se frappant le front, au moment de mourir, et nous ajoutons à sa gloire *ce quelque chose*, inspirations inédites révélées par ce geste d'un sublime désespoir.

Notre sympathie pour le talent moissonné dans sa fleur n'a pas manqué à Vauvenargues. Nous le trouvons meilleur que son temps, et nous regrettons qu'il n'ait point appartenu au grand siècle où le génie et la foi se prêtaient un mutuel appui. L'amitié de Fénelon eût été pour lui plus consolante que l'amitié de Voltaire ; il se serait fortifié contre le doute dans la société de nos croyants ; il se serait méfié davantage de nos passions, qui nous égarent plus souvent qu'elles ne nous dirigent, et il eut mieux compris, avec Bossuet, que la raison humaine est toujours courte par quelque endroit.

Vauvenargues a subi la funeste influence de son siècle : tour à tour chrétien et sceptique, c'est un esprit flottant entre le doute et la foi, croyant avec Fénélon, doutant avec Voltaire, sans avoir la force de conclure. Nous dirons donc, avec M. Nisard, que notre jeune moraliste, « chrétien par la douceur et la pureté, ne l'est pas devenu par la croyance. » Lorsque tout lui échappe : « et l'ambition ardente qui exile les plaisirs dès la jeunesse, et la vie qu'il aime et la gloire qu'il adore » il domine encore ses peines et conserve dans l'infortune la modération de l'équité : chose rare et qui n'appartient qu'aux âmes d'élite ! que de fois en effet, la dure indigence « *res angusta domi* » et d'amères déceptions ont changé la direction du talent ! Le laquais du grand seigneur nous explique le misanthrope Rousseau.

Vauvenargues a pu partager souvent les idées, mais jamais la corruption de son temps. Au moment où la débauche était sur le trône, et où vingt rivales se disputaient la honte de succéder à la duchesse de Château-roux, il composait sur l'amour des pages pleines de grâce et de pudeur.

Nous aimons ses maximes parce qu'elles sont indulgentes, simples et vraies, et toujours éloquentes, parce qu'elles partent du cœur, et quoiqu'il n'ait ni le sublime de Pascal, ni la finesse de La Bruyère, ni l'esprit de La Rochefoucault, inférieur surtout par le style à ces immortels devanciers, il mérite pourtant une place honorable à côté d'eux.

Mais ses admirateurs ont eu tort de nous le représenter comme un sage irréprochable. C'est un homme, non un héros, et il avoue lui-même ses faiblesses à son cousin Mirabeau : « Je me laisse conduire par sentiment ; ma raison m'est inutile. » Il confiait à son ami Saint-Vincent ses découragements, conséquence de sa mauvaise santé ou de ses embarras pécuniaires..... Défaillances passagères inhérentes à notre nature !

Vauvenargues ne désespère jamais de la vertu... Il voit le mal, mais il n'aime que le bien, et au milieu de ses nombreuses déceptions, il continue ses beaux songes d'avenir. « Non, dit-il, l'intérêt n'est pas le mobile de toutes nos actions : Nous sommes susceptibles d'amitié, de justice, de compassion ; ô mes amis, qu'est-ce donc que la vertu ! »

Une communauté d'intelligence décide notre prédilection : celui qui, fatigué des plaisirs et des vanités du monde, voit qu'il n'y a rien de solide que la vertu, de sérieux que la religion, rien de plus faible que la raison, se nourrit de Pascal ; le misanthrope lit La Rochefoucauld ; l'esprit mordant et caustique recherche La Bruyère ; le cœur bon et modéré fait ses délices de Vauvenargues.

Malgré ses mécomptes, notre jeune moraliste se contente d'écrire sans amertume : « C'est une erreur dans les grands de croire qu'ils peuvent prodiguer sans conséquence leurs paroles et leurs promesses : les hommes souffrent avec peine qu'on leur ôte ce qu'ils se sont approprié par l'espérance « le plus utile et le plus précieux des biens. »

Puis vient cette réflexion mélancolique : « L'avarice ne s'assouvit pas par les richesses, ni l'intempérance par la volupté, ni la paresse par l'oisiveté, ni l'ambition par la fortune. Mais si la vertu et la gloire ne nous rendent heureux, ce que l'on appelle bonheur vaut il nos regrets ? »

Non sans doute ; car il n'y a pas de bonheur ici-bas. Les plus grands monarques se sont ennuyés dans le luxe de la royauté. Tel compte à peine 14 jours heureux sur 50 ans de règne, tel autre abdique sa triple couronne, échange les dépouilles du monde contre le froc d'un moine, et va mourir dans un cloître, consumé de tristesse. Exilée loin de sa patrie, l'âme se plaint sous la pourpre comme sous la bure, dans le palais comme dans la cabane......

Vauvenargues unissait à la douceur la libéralité, et loin de repousser la prière du pauvre, sa générosité souffrait des maux d'autrui, comme si elle en avait été responsable.

Le vice même avait droit à sa pitié : « Soyons humains, disait-il un jour à des camarades étourdis qui insultaient une misérable courtisane, mes amis, vous riez pour trop peu de chose : le désordre de la pauvreté est le crime de la richesse. » Et il répondait à ceux qui s'étonnaient de sa bonté : « la magnanimité ne doit pas compte à la prudence de ses motifs, car la raison ne connaît pas les intérêts du cœur. »

Comme il se laisse conduire par le sentiment non par la réflexion, il préfère la fougue du jeune homme à la réserve glacée du vieillard, « dont les conseils éclairent sans échauffer, comme les pâles rayons du soleil d'hiver.» Nous reconnaissons l'élève de Fénelon dans son onction pénétrante, dans son naturel gracieux, dans son éloquence persuasive.

Parfois ses pensées sont d'une admirable concision :

> Les grands hommes dogmatisent, le peuple croit,
> Les regards affables ornent le visage des rois,
> La servitude avilit l'homme au point de s'en faire aimer.

La servitude ! il la déteste au point de se méfier même de la paix qui, dit-il, amollit les âmes et les prépare à subir le joug du despotisme.

Vauvenargues, le protégé de Voltaire, le grand faiseur des renommées d'alors, mourut presque inconnu. Mais bientôt philosophes et croyants proclamèrent son mérite, et ne s'accordant pas sur ses tendances religieuses, ils l'invoquèrent à l'appui de causes bien différentes.

On voulut même faire un athée de celui qui, déplorant les fautes inséparables des passions de la jeunesse, avait écrit cette prière : « Mon Dieu, je vous consacrai mes hommages dès ma plus tendre enfance, pourquoi m'avez-vous délaissé lorsque l'orgueil, l'ambition, les plaisirs m'ont tendu leurs pièges infidèles ? J'ai laissé tomber un regard sur les dons enchanteurs du monde, et soudain vous m'avez quitté, et les soucis, les remords, les douleurs ont en foule inondé ma vie. »

Et dans une lettre à son ami, Saint-Vincent : « Heureux, lui dit-il, ceux qui aux approches de la mort, puisent des forces dans la foi..... » Et la foi lui faisait défaut dans ses derniers jours qui furent bien tourmentés, car, nous dit-il, lui-même, « tout le monde empiète sur un malade :

prêtre, médecin, domestiques, étrangers, amis, et il n'est pas jusqu'à sa garde qui ne se croie en droit de le gouverner. »

Ainsi Vauvenargues a fait l'expérience de toutes les misères de la vie : il a eu de la hauteur et de l'ambition dans la pauvreté ; il s'est vu, dans ses disgrâces, méconnu de ceux qu'il aimait ; l'injure a flétri son courage, et il a été offensé de ceux dont il ne pouvait prendre de vengeance... Son talent, son travail, son attachement à ses amis n'ont pu fléchir la dureté de la fortune... La mort l'a surpris dans le plus grand désordre de sa fortune, et il a eu la douleur amère de ne pas laisser assez de bien pour payer ses dettes. Qui mieux que lui a connu le malheur, qui mieux que lui a su y compatir !

Dans son discours sur l'inégalité des richesses, il recommande l'aumône, il stimule la libéralité du riche, il prêche aux pauvres la résignation... « Nous n'avons pas été, dit-il, créés pour cette terre, mais pour une fin plus élevée... » Tels sont les sentiments de l'auteur des Maximes... « Si une lecture vous élève l'esprit et qu'elle vous inspire des sentiments nobles et courageux, ne cherchez pas, a dit La Bruyère, une autre règle pour juger de l'ouvrage : il est bon et fait de main d'ouvrier. »

Tel est le livre de Vauvenargues : il instruit notre jugement il élève notre goût, combat le scepticisme, inspire l'amour de la gloire et nous anime à l'action.

Certains moralistes ne nous parlent que de notre faiblesse, et nous détournent de la vertu en nous insinuant que nous en sommes incapables ; d'autres ont façonné une vertu imaginaire à l'usage des rhéteurs, assez difficile pour nous dispenser de la pratiquer.

Il faut s'en tenir aux obligations d'une grandeur relative.

Le 24 septembre 1746, Vauvenargues écrivait de Paris à son ami Saint-Vincent : « Toute la province est armée pour repousser les Austro-Sardes, et je suis ici bien tranquillement au coin de mon feu, ma mauvaise santé ne me justifie pas assez... » Et quatre mois plus tard : « Je voudrais être à la portée de vous demander du secours contre la tristesse de mes rêveries : un enchaînement malheureux de plusieurs causes me fait passer ma vie éloigné de vous. Cela changera, si je *vis*, et vous me tiendrez lieu des pertes que j'ai faites et de la santé qui me manque.

Ce fut sa dernière lettre. Le 28 mai 1747, Voltaire apprenait qu'il venait de perdre son bon génie et la douce espérance du reste de ses jours. « Une belle âme, le meilleur et le plus aimable des hommes. »

Ne déplorons pas cette mort prématurée qui fut sans doute un bienfait de la Providence.

Si Vauvenargues eut vécu plus longtemps, son bon sens, quoique capable de faire évanouir beaucoup d'esprit, l'aurait-il soutenu contre les séductions de la vanité, les entraînements d'une indépendance licencieuse, ce vertige général et ce libertinage d'opinion qui signalent la deuxième partie du XVIIIe siècle ?

Dans les temps de révolution, il est encore plus difficile de connaître son devoir que de l'accomplir.

Quand même il aurait résisté au torrent, combien il eût été affligé par le spectacle des malheurs qui accablèrent sa patrie ! Les niveleurs auraient-ils épargné celui qui ne partageait pas leurs chimériques illusions, et qui avait écrit : « l'inégalité des conditions est nécessaire ; la loi ne saurait empêcher que le génie ne s'élève au-dessus de l'incapacité, l'activité au-dessus de la paresse, la prudence au-dessus de la témérité. L'art ne peut rendre les hommes égaux malgré la nature. »

Rien n'est si spécieux dans la spéculation que l'égalité, mais rien n'est plus impraticable et plus chimérique.

Lorsque des haines politiques et des appétits effrénés eurent exploité le mécontentement de la misère et les aspirations de l'indigence vers le bien être, lorsque le peuple, trompé par d'attrayantes théories et séduit par de magnifiques promesses, eut brisé tout pouvoir pour conquérir cette égalité impossible, Vauvenargues aurait expié les vérités répandues dans ses écrits, et sa modération, plus encore que sa naissance, aurait été un crime de lèse-égalité.

Nous en pouvons être égaux malgré la nature ! Allez donc, avec vos arguments vieux comme le monde, et appuyés des tristes leçons de l'expérience, allez donc, réactionnaires décrépits, convaincre de cette vérité la médiocrité envieuse, la pauvreté ignorante et avide des jouissances de la vie ! place aux nouvelles couches sociales ! retire-toi du banquet, bourgeois épicurien et imbécile, engraissé de la sueur du pauvre peuple.

Lusisti satis, edisti satis atque bibisti ;
Tempus abire tibi est...

Dans son discours sur les mœurs du XVIIIe siècle, Vauvenargues semble avoir pressenti la révolution et ses conséquences : « On justifie l'intérêt et la bassesse, et il est à craindre que dès qu'on nous aura persuadé que la vertu est une duperie, le vice, devenu plus fort, n'étouffe les plus nobles sentiments. C'est ainsi que les empires finissent. »

A son époque, l'homme était encore en disgrâce, mais des réformateurs sont venus qui l'ont relevé, qui lui ont rendu toutes ses vertus et bien au delà.

Oh ! oui, bien au-delà ; la nature humaine qui avait été réduite en servitude, a été replacée sur le trône et divinisée. L'homme est un dieu, la pensée est la digestion du cerveau, la propriété est le vol ; nos actes sont le produit fatal de notre organisation ; nulle liberté, nulle responsabilité, un seul but, la jouissance !

Voilà où nous en sommes. Voilà le bilan de nos progrès moraux.

Certes, notre jeune moraliste n'avait point prévu la rapidité de ces progrès, quand, dans sa séduisante théorie des passions, il exaltait l'ambition, l'amour de la gloire, le sentiment aux dépens de la raison, et qu'il flétrissait l'envie, la haine, la dureté, l'avarice, la débauche, etc. Il relevait d'un côté la nature humaine, elle est tombée de l'autre. Faut-il donc en désespérer ?

Il est, à notre époque, des âmes nombreuses qui languissent dans le découragement. Tout a été si souvent mis en question, nous avons vu tant de bouleversements, éprouvé tant de mécomptes, que le scepticisme a jeté en nous de profondes racines.

Ils ne liront peut-être pas sans profit Vauvenargues, ceux qui sont malades de cette triste maladie, incertains de leur route, troublés, inquiets, brisés de lassitude... flottants entre la licence du vice et le despotisme d'une vertu rigide, entre une indépendance effrontée et une crainte servile. « Mes amis, leur dira-t-il, évitez ces « excès, conservez la modération qui fait et notre force « et notre dignité ; surtout ne vous désespérez pas si, « dans cette lutte éternelle de l'homme contre lui-même, « la passion, mal dirigée, l'emporte souvent, et triomphe « de la raison. Il est des défaites qui honorent à l'égal « des victoires : *In magnis voluisse sat est.* Ceux qui « méprisent l'homme ne sont pas de grands hommes. « Philosophes, qui méprisez le genre humain, s'il n'y a « en nous que folie, pourquoi me parlez-vous de sagesse, « et pourquoi de vertu, si nous ne sommes que faiblesse « et dépravation ? »

Telles sont les maximes de ce Fénelon profane, de ce Pascal adouci, de cet ami qui compte tant d'amis parce qu'il a su arriver, encourager et toujours espérer. Ceux qui ont appris à goûter ses Pensées lui ont consacré un monument impérissable dans le sanctuaire inviolable de leur cœur ; il jouit maintenant de cette gloire que ses

yeux cherchaient vainement à son heure suprême, et il
voit que tôt ou tard ici-bas, comme au ciel, le mérite a
son prix, la vertu sa récompense.

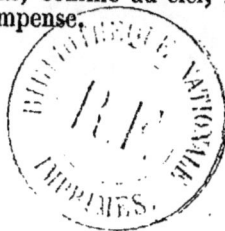

TOULOUSE, TYPOGRAPHIE MONTAUBIN, PETITE RUE St-ROME, 1.

www.ingramcontent.com/pod-product-compliance
Lightning Source LLC
LaVergne TN
LVHW022040080426
835513LV00009B/1159